ROBERT DE JOUVENEL

MYTHES

LA TRIBU

DES

CHAUTEMPS

Rocambole en Famille

Supplément à
L'ŒUVRE
du 17 Juin 1909

DIX Centimes

EMILE............ sénateur,
ALPHONSE....... député,
FÉLIX............ député,
MAURICE......... sous-préfet,
BAPTISTIN....... trésorier payeur général,
GUSTAVE......... percepteur,
LÉON............ percepteur,
Mme HENRI...... bureau de tabac,
Etc., etc.

CAMILLE... encore que candidat,
non encore casé.

La Tribu des Chautemps

✠ ✠

GENEALOGIE EN GUISE DE PREFACE

M. Piot a bien tort de dire que la République ne fait rien pour les familles nombreuses.

Regardez plutôt les Chautemps.

M. Emile Chautemps ayant été ministre, étant demeuré sénateur de Bonneville, son frère Alphonse fut tout naturellement élu député de Loches, son frère Léon devint percepteur et son beau-frère Baptiste Favre fut nommé trésorier-payeur-général.

Après avoir vu ses collatéraux ainsi pourvus, Emile a eu la joie très douce de constater que sa progéniture n'était pas moins favorisée. Son fils Félix est député d'Albertville. Son fils Maurice est devenu sous-préfet à 25 ans. Son gendre Gustave Adam est mort percepteur à Charenton. La veuve de son fils Henri est pourvue d'un bureau de tabac et d'une pension. Son fils Camille sera, sans nul doute, député en 1910.

La vie n'a pas été moins douce à son oncle, le docteur, à son neveu Francoz, à son neveu Metzquer, ni à quelques autres parents pauvres.

Le bonheur est si rare en ce monde, que je m'en voudrais de parler mal d'une famille, qui, par hasard, a réussi.

Au reste, on m'affirme que tous ces Chautemps sont très sympathiques. Je ne sache pas qu'Alphonse ait jamais fait de mal à personne. Félix est très apprécié de ses collègues de la Chambre. Il n'y a rien à dire d'Henri ni de Gustave qui, aimés des Dieux, sont morts jeunes. Baptistin et Maurice ne sont pas plus mauvais fonctionnaires que beaucoup d'autres. On dit même que Camille a du talent. Quant à Emile, il aime tant sa famille !...

Il est vrai que Léon est un peu escroc et tout à fait faussaire, mais comment voulez-vous que, dans une famille si nombreuse, il n'y ait pas, au moins, une brebis galeuse ?

Je vous assure que je n'en veux pas aux Chautemps. Ils tiennent beaucoup de places, c'est vrai; mais vous sentez bien que si ce n'étaient pas eux qui occupaient tant d'emplois, ce ne seraient tout de même pas ceux qui en sont dignes. Alors, qu'importe !...

Chaque fois que je vois un Chautemps promu à quelque fonction, j'éprouve une joie très douce à me dire :

— Voilà toujours une place que les Chautemps n'auront pas...

⁂

J'admire sincèrement ces Chautemps si étroitement unis et qui marchent, la main dans la main, vers les plus hautes destinées et je vous assure que je les eusse laissé s'aider en paix, les uns et les autres, s'ils s'étaient contentés d'envahir progressivement les circonscriptions électorales et les administrations publiques.

Mais voici qu'ils ont prétendu associer toute la magistrature française à leurs intérêts de famille. C'est cela seulement qui m'est apparu un peu excessif. Que diable ! Il faut avoir du tact.

Je m'empresse, d'ailleurs, de reconnaître que ce qu'ils en ont fait fut, sans doute, bien malgré eux. Il est très probable qu'ils ne se

— 2 —

seraient jamais spontanément avisés de mêler
la Justice à leurs affaires, si des personnes mal
intentionnées n'avaient les premières poursuivi devant les tribunaux Léon, l'un de la tribu,
pour des faux, que précisément il avait commis.

Il s'agissait, d'ailleurs, d'une bagatelle : les
faux n'étaient guère que 18 ou 20, répartis sur
une année entière, et les sommes escroquées
grâce à ces faux n'excédaient pas, en tout, une
somme de 200 à 230.000 francs.

Léon étant ainsi bêlement tombé sous le
coup des lois, il fallait bien demander à la magistrature de le sauver.

Comment la magistrature allait-elle s'y
prendre ?...

Telle est la donnée du drame judiciaire
passionnant, dont nous allons essayer de retracer les péripéties.

A nous, Gaboriau !

PROLOGUE : HYMENEE ! HYMENEE !

Si invraisemblable que cette assertion puis-
se paraître, au moment où commence cette
histoire, M. Léon Chaulemps n'occupait aucune fonction publique.

M. André Gaucher a tracé avec talent, dans
un livre, qui a fait du bruit et qui lui a même
valu, disent quelques-uns, deux ans de prison,
la physionomie peu vulgaire de ce Léon Chaulemps, qui, avant même sa vingtième année,
avait visité l'Espagne, l'Algérie, le nouveau
monde, s'était fait, tour à tour, débardeur
dans la République Argentine, « plongeur »
dans un restaurant de Montevidéo, « Gaucho »
dans les haciendas d'Amérique, puis qui, reve-
nu en France pour son service militaire, était
entré à Saint-Maixent pour y devenir sous-
lieutenant.

Il s'était alors marié avec une femme riche.
Puis, l'ayant à moitié ruinée, il avait dû divor-

cer. Bien que le divorce eût été prononcé à ses torts exclusifs, il avait su conserver de ce passage à travers une fortune, la propriété de quelques immeubles, d'ailleurs grevés d'hypothèques jusqu'à concurrence de leur valeur, mais qui devaient pourtant constituer la première mise, grâce à laquelle il allait essayer d'édifier une fortune nouvelle.

Entre temps, Léon Chautemps avait démissionné. Avec son intelligence très nette des réalités de la vie, il avait compris qu'à notre époque l'armée n'est plus une carrière, tandis que le mariage peut encore en être une. C'est pourquoi il épousa, en secondes noces, Mme Henriette L..., qui jouissait d'une aimable aisance.

Mme L... avait bien demandé des renseignements, mais les renseignements avaient été excellents. Me Brecheux, en particulier, qui était depuis cinq ans, notaire de Léon, no tarissait pas sur les garanties que présentait son client.

— Et puis, ajoutait-il, c'est un admirable homme d'affaires.

Il le fit bien voir. Nous allons, en effet, assister maintenant aux intrigues, grâce auxquelles cet admirable homme d'affaires va parvenir à s'approprier, sans que la justice s'en émeuve, les biens de sa nouvelle épouse.

PREMIERE MANIERE. — ON BATIT

Je rougis de dire que le premier procédé mis en usage fut déplorablement banal.

Léon Chautemps proposa à sa femme d'élever sur les terrains, qu'il tenait de son premier mariage, de nouveaux bâtiments. Elle acquiesça.

Il eut alors recours à ce subterfuge, d'une touchante simplicité : il fit faire par divers entrepreneurs 90.000 francs de travaux, puis, présenta à sa femme de faux devis s'élevant à 160.000 francs et au bas desquels il avait apposé, de sa propre main, les signatures des entrepreneurs. Mme Chautemps paya et Léon empocha la différence.

J'entends bien qu'on va me dire :

— C'est une affaire de faux très vulgaire.

— Hélas ! oui, très vulgaire. Mais ce qui devient original, c'est que jamais aucune poursuite ne put aboutir contre ce vulgaire faussaire.

Dès que le pot aux roses eut été découvert, trois des entrepreneurs s'étaient hâtés de déposer une plainte. Ils attendirent en vain les suites qui lui seraient données. M° Jeanningros, avocat, chargé de suivre l'affaire, s'émut : il se rendit au Parquet et demanda où en était la procédure. Le substitut était absent; ce fut le greffier qui lui remit le dossier. A la première page, il y avait cette note :

« Prévenir Félix Chautemps (le député d'Albertville). — A classer.

M° Jeanningros fit du bruit. On affecta de reprendre l'instruction. Un commissaire aux délégations judiciaires fut commis. Ceci se passait en 1906. Depuis, on n'a plus entendu parler de rien : le dossier même de l'affaire ne s'est pas retrouvé.

Il reste à Mme L... qui, entre temps, a divorcé, la ressource de poursuivre les trois entrepreneurs, dont elle possède des reçus pour 100.000 francs, alors qu'ils n'ont fourni que 90.000 francs de travaux. Faute d'établir que leur signature a été contrefaite, ils pourront être condamnés.

Car notre justice aboutit à ce résultat réconfortant que si les faussaires de bonne famille ne peuvent être traduits en cour d'assises, il reste toujours à leurs victimes, un recours... contre les innocents.

DEUXIEME MANIÈRE. — HISTOIRE D'UNE HYPOTHÈQUE

Tel fut le premier procédé, médiocre en somme, par lequel M. Léon Chautemps s'appropria 70.000 francs des biens de sa femme.

Heureusement, il nous a 'prouvé, dans la suite, qu'il était capable de singulièrement affiner sa manière. Son triomphe est, sans doute, d'avoir su toucher deux fois le montant d'une hypothèque de 55.000 francs, sur laquelle, en dernière analyse, il ne remboursa pas même un centime.

Un jour, M. Léon Chautemps, célibataire à cette époque, avait eu, par hasard, besoin de 55.000 francs. Il était tout naturel qu'il s'adressât à M. Cognacq, directeur de la « Samaritaine », riche à millions, et ami de son frère.

Mais voyez dans quelle situation difficile se trouvait M. Cognacq. Justement il sollicitait la croix de la Légion d'honneur. M. Emile Chautemps était, en cette occasion, son répondant et presque son parrain.

, Le directeur de la Samaritaine devait-il pour cela refuser de rendre un service à Léon ?... Il ne le pensa pas. Mais comme il ne fallait pas qu'il pût planer sur cette affaire, même l'ombre d'un soupçon, M. Cognacq opéra, non comme s'il s'agissait d'un service, mais comme s'il s'agissait d'une affaire. Il prit une hypothèque de 55.000 fr. sur les immeubles de Léon. Sans doute, ces immeubles "aient déjà grevés au-delà de leur prix (1), mais M. Cognacq est bien maître de choisir ses placements, comme il lui plaît. Au reste, si M. Cognacq fut effectivement décoré, nul doute que ce fut seulement à raison de ses services, et non à cause de la recommandation d'Emile. Je dirai presque que ce fut malgré cette recommandation.

---

(1) Ces immeubles qui avaient coûté 234.000 francs garantissaient déjà 257.000 francs d'hypothèques.

Tout porte à croire cependant que M. Cognacq ne se faisait pas sur la valeur de la créance Chautemps des illusions excessives. C'est ainsi que cette créance venant à échéance le 11 janvier 1902, il se subrogea, à la date du 10, MM. Bourgoin et Truchelet, hommes d'affaires. Cette opération à la veille du remboursement s'explique mal; entre temps, en effet, M. Léon Chautemps avait épousé Mme L... et celle-ci avait pris, devant notaire, l'engagement de rembourser. Que redoutait M. Cognacq ?

Il est impossible de présumer qu'il redoutait ce qui effectivement se produisit, car ce serait l'accuser de complicité. Félicitons-le seulement d'avoir été heureux dans toute cette affaire.

Ce qui se produisit, c'est que la nouvelle madame Chautemps, sur les insistances de son beau-frère Emile et de son mari, remit à ce dernier 55.000 francs, en échange de quoi elle obtint deux reçus de 35 et de 20.000 fr., signés Bourgoin et Truchelet. Mais quel ne fut pas l'étonnement de cette dame, en apprenant que les hypothèques, qu'elle croyait avoir ainsi éteintes avaient été subrogées le 17 mai 1902 à un sieur C..., de Reims, à qui elle avait à les rembourser, de nouveau.

C'est alors que M. Cognacq dut se féliciter de n'être plus dans cette opération, car ses commettants allaient en avoir bien des ennuis. On leur demanda, en effet, comment ils avaient pu céder leurs droits sur une hypothèque, dont le montant leur avait déjà versé, ainsi qu'en faisaient foi deux reçus. M. Bourgoin étant mort, M. Truchelet, interpellé par acte extra-judiaire, dut répondre que les reçus étaient faux.

« Qui paie ses dettes s'enrichit », dit un proverbe. Pour s'être vu seulement sommer de payer 55.000 francs, M. Léon Chautemps était devenu plus riche de pareille somme, et

ceci prouve excellemment que les plus audacieux des proverbes restent parfois en deçà de
la vérité.

A la suite de la déclaration de M. Truchelet,
une plainte en faux avait naturellement été
déposée contre X... Si jamais un faux fut
prouvé, si jamais l'auteur et le bénéficiaire en
furent clairement désignés, c'est, à coup sûr,
dans cette affaire. L'enquête semblait facile.
Elle excéda cependant les moyens à la disposition du Parquet et la plainte fut classée.

Il serait injuste d'accuser, à ce propos, les
magistrats d'incapacité. Il serait injurieux de
les accuser de complaisance. Mettons qu'ils
furent indulgents.

Je sais bien que cette indulgence coûte à Mme
L... 55.000 francs, mais ceci prouve que le meil-
leur juge ne peut pas donner satisfaction à tout
le monde.

Les magistrats ont bien jugé.

M. Léon Chautemps a bien agi.

UN HONNETE HOMME

Car M. Léon Chautemps, en dépit des quelques petits égarements que nous avons signa-
lés, est un honnête homme.

C'est lui-même qui l'affirme, dans une lettre au « Savoyard de Paris », en date du 25 janvier 1907.

« Vous savez bien, écrit-il, que dans les rapports
financiers entre époux, il ne peut y avoir de délit. »

Sans doute, il nous resterait la ressource de
répondre que cet argument n'est pas de ceux
que les honnêtes gens invoquent et que, s'il
ne nous est pas permis d'appeler M. Léon
Chautemps « escroc », en vertu de l'article 380
du Code Pénal, il nous est néanmoins loisible
de le qualifier ainsi, en vertu de l'article du dic-
tionnaire, où il est expliqué qu' « escroc » veut
dire « fripon ».

Mais M. Léon Chautemps a mieux à invoquer que le Code Pénal, il possède un jugement de la Cour d'appel de la Seine, en date du 5 décembre 1903, qui fait foi de sa probité.

L'histoire de ce jugement vaut d'être contée.

Si invraisemblable que cela paraisse, un moment était venu cependant où Mme Chautemps s'était lassée de la vie commune avec un homme aussi agréable que Léon. Elle avait demandé le divorce.

Le divorce avait été prononcé en première instance et l'enquête demandée par madame Chautemps avait été refusée. Nous n'insisterons pas sur ce jugement qui ne contient qu'une seule irrégularité flagrante (1).

Sur appel, l'affaire vint devant M. le premier président Forichon. M. Forichon déclara qu'il ne voulait pas se commettre lui-même dans une affaire qui intéressait la famille d'un de ses collègues du Sénat. Il exposa que le président de la 8° Chambre devait être changé à la rentrée et, pour démontrer son impartialité, c'est à la 8° Chambre qu'il renvoya l'appel du divorce Chautemps.

Madame Chautemps se disposait à attendre les délais d'usage qui sont de 8 ou 10 mois en moyenne, et le déplacement de M. le président Bonnet, lorsque l'affaire, étant appelée pour la première fois, le président déclara que, vu l'urgence, au lieu de prendre son tour de rôle, elle serait jugée à huitaine. L'avoué de madame Chautemps dut faire un véritable esclandre pour obtenir qu'un procès où se trouvait en cause le frère d'un parlementaire, suivît la même marche que les autres.

L'affaire revint donc à son heure, — et vous pensez bien que le président Bonnet était toujours là. L'appel confirma, comme il convient,

---

(1) Ce jugement fait état d'une lettre volée, adressée par Mme Chautemps à Mme Lebaudy.

le premier jugement, en l'embellissant cependant du considérant que voici :

« Considérant que l'appelante n'a cessé de traiter son mari d'homme taré, coureur, bigame, faussaire, que ces imputations et outrages, *que rien dans la cause ne justifie...* »

Madame Chautemps produisait devant la Cour dix-huit faux, parmi lesquels ceux dont nous avons raconté l'histoire, et la Cour déclare gravement que « rien ne justifie » le terme de « faussaire », appliqué à M. Léon Chautemps et elle décerne à cet individu un brevet d'honorabilité !

Loin de moi la pensée d'insinuer que M. le Président de la 8ᵉ Chambre a jugé contre sa conscience, mais je ne puis m'empêcher d'admirer à quel point peut être large la conscience d'un magistrat qui estime que le fait d'avoir commis dix-huit faux ne justifie pas contre un individu l'appellation de « faussaire ».

Le père de M. Jourdain n'était pas un marchand, seulement il échangeait du drap contre quelque argent. M. Léon Chautemps n'est pas un faussaire, seulement il réalise de certains bénéfices, en imitant d'une plume adroite la signature de ses amis.

Il ne serait qu'amusant de penser qu'un Léon Chautemps égale en subtilité le bourgeois gentilhomme. Il est rassurant de savoir que ce personnage a trouvé, pour le couvrir, un magistrat presque aussi spirituel que Molière.

REPENTIR

Léon Chautemps — malgré les assurances réconfortantes des tribunaux — comprit l'énormité de ses fautes. Il résolut de s'expatrier et, comme les héros infortunés des romans, il partit pour les colonies. Il ne partit pas, cependant, sans s'être fait nommer à une fonction publique.

Ce départ ne suffit point à attendrir ses

créanciers. Ils voulurent mettre opposition s.
son traitement et, à trois reprises, le 19 avril
1905, le 7 mars et le 7 octobre 1906, ils enta-
mèrent des procédures dans ce but.

Il est à peine besoin de dire qu'aucune de
ces tentatives n'aboutit, mais, cette fois, le
motif pour lequel elles n'aboutirent point était
excellent : le fonctionnaire chargé d'exercer
les oppositions était Léon Chautemps lui-
même !

Hélas ! oui, telles étaient les attributions
imparties à l'ancien « Gaucho », au merveil-
leux aventurier, dont nous avons essayé de
retracer la physionomie. O poésie des tropi-
ques ! il faisait fonction d'huissier.

Il semble, d'ailleurs, qu'il n'ait pas eu le
sentiment exact de sa déchéance, et même,
lorsqu'il n'était pas personnellement en cause,
il prenait ses attributions à cœur, comme en
témoigne cette lettre, qu'il écrivait à un ami :

*« Je suis en train de me préparer pour l'ave-
nir une petite retraite de colonel (8.000 fr.). Je
ne m'ennuie pas trop, même pas du tout.*

*« J'ai saisi, la semaine dernière, un roi qui
ne payait pas. On rigole, quoi ! »*

JOB LE PERCEPTEUR

Après avoir passé aux colonies environ
quatre mois, en deux séjours, Léon Chautemps obtint, en effet « sa petite retraite de
colonel », sous la forme d'une perception.

Aucune nomination ne fut jamais plus jus-
tifiée.

Léon Chautemps, dix-huit fois faussaire,
ayant été, à deux reprises, innocenté par le
parquet, puis proclamé honorable par la Cour
d'Appel, il devenait urgent, évidemment, de
lui confier la gestion des deniers publics.

La Ferté-Vidame, où Léon Chautemps fut

nommé, est une petite commune qui ne
compte que 1.100 habitants. Louis-Philippe,
cependant, y possédait une résidence. A l'ins-
tar de ce prince, Léon Chautemps s'y installa.
C'est là qu'il rachète toutes ses fautes, en don-
nant l'exemple de toutes les vertus.

J'ai bien dit : toutes les vertus, car M. Léon
Chautemps, retiré des affaires, ne se contente
pas maintenant de vivre modestement, il vit
proprement avec rien.

Si vous croyez que j'exagère, écoutez le récit
suivant qui, à l'époque, réjouit toute la presse.

Les créanciers de Léon Chautemps, ayant
enfin trouvé un huissier pour instrumenter
contre ce débiteur, voici le procès-verbal que
cet officier ministériel fut contraint de rédi-
ger :

« Le débiteur nous a produit divers actes sous
seing privé, dûment enregistrés, et établissant :
que son logement était au nom de François Chautemps, son frère ; que les meubles garnissant le dit
logement étaient la propriété du même François
Chautemps ; que la partie saisissable de ses appoin-
tements et émoluments faisaient l'objet de deux
transports, l'un de 8.250 francs, à un sieur Buchet,
et l'autre de 15.900 francs, à un sieur Atrux ; qu'il y
avait déjà opposition sur le patrimoine éventuel du
débiteur pour une somme principale de 354.420 fr.65.

« Après avoir parcouru les diverses pièces du
logement, j'ai pu saisir deux paires de chaussures,
un complet veston et six chemises. Mais attendu
que les dits effets sont d'une valeur modique et
insuffisante pour acquitter les frais à faire afin de
pourvoir à la vente, j'ai laissé les dits effets, et
converti le présent en procès-verbal de carence pour
servir à ma requérante ce que de droit. »

Eh quoi ! pas même de chaussettes !

O roi de l'Afrique tropicale, que Léon Chautemps saisissait jadis, en « rigolant » si ingé-
nûment, quelle revanche pour vous, s'il avait
pu vous être donné d'assister à cette opération !
Quelle admiration n'auriez-vous pas ressentie
pour cette mère-patrie, qui vous fut dure peut-

être, mais qui sait, par ailleurs, se montrer si joliment confiante, en laissant le soin d'administrer ses deniers à un fonctionnaire tellement dépourvu de toute ressource.

Ainsi, ce même homme, qui put avoir jadis de tels écarts d'écriture, administre aujourd'hui une parcelle des finances publiques, sans être suspect d'en détourner quoi que ce soit, alors que lui-même ne possède rien (1). Le repentir peut-il aller plus loin? La vertu peut-elle se montrer avec plus d'éclat ?

* *

Pourtant, les créanciers de Léon Chaulemps ne se laissaient point aller à ces méditations édifiantes. Ils chargèrent l'huissier de faire vendre les deux paires de chaussures, les six chemises et le complet veston du percepteur.

Après tout, sait-on jamais ? Les bottines d'un tel agent du fisc, c'est quelque chose de plus qu'un « effet d'une valeur modique », c'est presque une pièce historique ; de quel prix un amateur ne l'eût-il pas payé ? Et quelle valeur n'avaient-elles pas, ces six chemise d'un homme vertueux ? Au reste, le créancier s'engageait à rembourser les frais au cas où la vente ne les couvrirait pas. Et, somme toute, c'était son droit, droit cruel mais absolu.

Mais le droit le mieux établi tombe, si l'on se trouve en face d'un Chaulemps. L'huissier requis refusa d'exécuter. Le créancier s'adressa alors au président du tribunal de Dreux, au procureur de la République à Dreux et au procureur de la République à Paris, demandant, toujours conformément à son droit, la nomination d'un huissier d'office. Tant de magistrats refusèrent au requérant les

---

(1) Je dis rien, parce que, le procès-verbal étant vieux de quinze mois, il n'est pas trop audacieux de penser que le veston, les chaussures et les six chemises peuvent être usés.

moyens de porter atteinte à l'inviolabilité d'un Chautemps.

Soyons justes. Il eût été inconvenant que le tribunal de Dreux fut plus respectueux de la légalité que celui de Paris. Il aurait eu l'air de vouloir lui donner une leçon.

LE SÉNAT IMPUISSANT AUSSI……

Tous les moyens de droit avaient échoué contre Léon Chautemps. Le Code pénal, le Code civil et le Code de procédure civile étaient également impuissants contre lui.

Madame L…, son épouse divorcée, s'avisa alors d'un suprême recours qui demeure à la disposition des citoyens. Elle adressa une pétition au Sénat. Les dénis de justice étaient si flagrants que le Sénat lui-même s'émut.

Malgré la démarche d'Emile Chautemps auprès de ses collègues de la commission des pétitions, le rapport suivant fut déposé par M. Teisserenc de Bort :

« Votre commission n'ayant pas qualité pour se substituer aux tribunaux régulièrement constitués, il ne pouvait être question en l'espèce d'ouvrir une enquête contradictoire…

« Mais, en présence des faits allégués, il nous a semblé de notre devoir de rechercher si les réclamations de Mme L… étaient réelles, sérieuses et telles qu'il en pût être fait état.

« Nous avons examiné à ce point de vue particulier les documents fournis par Mme L… à l'appui de sa cause.

« Les documents produits par Mme L… ont paru à votre commission présenter une consistance suffisante pour faire l'objet, de la part du pouvoir judiciaire, d'un minutieux examen.

« C'est dans ces conditions que, sans préjuger en aucune façon de la décision à intervenir, elle croit devoir appeler sur la plainte de Mme L… toute l'attention de M. le garde des sceaux, ministre de la justice.

(Journal Officiel du 1ᵉʳ mars 1908.)

Mais il était dit que le Sénat lui-même ne prévaudrait pas contre un Chautemps.

Le rapport, renvoyé au ministère de la Justice, y est demeuré. Au moment où l'affaire était pendante devant le Sénat, un commissaire aux délégations judiciaires avait esquissé une enquête. Du jour où le rapport eût été déposé, il ne donna plus signe de vie.

En vain, Mme L... s'est adressée au garde des sceaux, et au président du Sénat pour savoir quelle suite avait été donnée au rapport de M. Teisserenc de Bort. Elle n'a reçu nulle réponse.

Léon Chautemps, vainqueur du pouvoir judiciaire, triomphe encore du pouvoir législatif.

VÉTILLES

Ai-je tout dit ? Je n'ai dit presque rien. Et que d'histoires charmantes j'ai passées sous silence !

C'est, d'abord, l'aventure du bon M. Atrux qui, ayant jadis prêté 37.000 francs à Léon, sur hypothèques, voit aujourd'hui produire 48.500 francs de reçus revêtus de sa signature.

Et déjà vous imaginez, sans doute, l'indignation de M. Atrux. — Vous faites erreur. M. Atrux est l'ami d'Emile Chautemps ; il a été fait officier de l'instruction publique presque de sa main ; de plus, il est président de la « Philanthropique Savoisienne ». A tous ces titres, il est indulgent pour Léon. Aussi, lorsqu'on lui montre les reçus, cet excellent M. Atrux répond :

— Je vous donne ma parole d'honneur que ce ne sont pas des faux.

— Alors, vous avez touché indûment 11.500 francs.

— Ah ! pardon. Tout à l'heure, je plaisantais, je voulais sauver Léon.

Complicité ! crieront quelques mauvais es-

prils, mais non : Philanthropie savoisienne !
Simplement (1).

Raconterai-je encore comment Léon Chautemps a fait figurer à son contrat de mariage
une maison de campagne qu'il avait déjà ven-
due, sous seing privé, à M. Maurice Usannaz,
grand électeur des Chautemps ? — Mais aussi,
pourquoi ce M. Usannaz passait-il avec Léon
un contrat de cette sorte?— C'est que Léon lui
inspirait confiance... — Pourtant, avant cette
vente, il le traitait, dans une lettre, de « monsieur suspect, malhonnête, ignoble »? — Justement, il fallait qu'il se fît pardonner ces écarts
de langage ; lui ferez-vous un grief d'avoir été
sans rancune ?

M'attarderai-je encore à vous narrer pourquoi figurent dans le dossier de Léon Chautemps plus de faux reçus qu'il n'est réputé
avoir acquitté de dettes ? Le motif est si sim-
ple : Léon, désordonné, ne retrouvait pas toujours les pièces dont il avait besoin. Alors, à
tout hasard, au lieu de s'obstiner dans ses re-
cherches, il en refaisait d'autres. Que voulez-
vous ? Le temps est cher, la vie nous presse...

Et puis ce sont mille historiettes : le détour-
nement d'un mobilier, d'un cheval, d'une voi-
ture, de quelques créances, d'un fond de com-
merce, voire d'un fond de cave que Léon
envoyait chez Emile et qu'Emile était obligé
de rendre par autorité de justice.

Vétilles que tout cela ! Je les passerais sous
silence si ce n'était pour montrer que, à l'ins-
tar de Napoléon, Léon, même au milieu des
plus hauts desseins, ne se désintéressait pas
des moindres profits.

---

(1) La philanthropie de M. Atrux allait si loin que,
négligeant toute rancune, il avait consenti à être
l'objet du principal transport qui rendait insaisis
sable le traitement de Léon Chautemps.

ÇA CONTINUE

Pourtant, Mme L..., inlassable, vient de déposer contre son ancien mari une plainte en faux ainsi conçue :

Monsieur le Procureur de la République,

J'ai l'honneur de déposer entre vos mains, contre M. Léon Chautemps, une plainte en faux et usage de faux, basée sur les points suivants :

J'ai épousé, le 7 novembre 1901, M. Léon Chautemps, divorcé, sans enfants ; j'apportais en dot une somme totale de 351.182 francs. Quelques jours à peine après mon mariage, M. Chautemps dut m'avouer la situation très embarrassée dans laquelle il se trouvait : un immeuble qu'il avait apporté en dot, situé rue de Buffon, était hypothéqué, et deux des créanciers hypothécaires se trouvaient être MM. Bourgoin et Truchetet. Ces derniers ayant fait commandement de rembourser l'hypothèque échue, je remis à mon mari une somme totale de 55.000 francs pour effectuer ce remboursement. Mon mari me justifia avoir accompli cette formalité en me produisant deux reçus, l'un daté du 17 mars 1902, pour une somme de 35.000 francs ; l'autre en date du 10 septembre 1902, pour 20.000 francs. Ces deux reçus étaient signés de MM. Bourgoin et Truchetet.

Or, j'ai découvert par la suite que MM. Bourgoin et Truchetet n'avaient pas été remboursés à cette époque, puisque, le 17 mai 1902, ils avaient cédé leur créance hypothécaire à un M. Charbonneaux ; si les reçus n'étaient pas des faux, il se trouverait donc que MM. Bourgoin et Truchetet auraient été remboursés deux fois de leur créance de 55.000 francs, la première par le versement que j'avais remis à mon mari, la seconde par la subrogation Charbonneaux. J'avais donc fait sommation à M. Truchetet d'avoir à me rembourser la somme de 55.000 francs qui lui aurait été payée en trop : il me répondit qu'il avait été remboursé par la subrogation Charbonneaux et qu'il ne comprenait pas ce qu'on lui demandait ; c'était la preuve indiscutable que les reçus qui m'avaient été produits par M. Chautemps étaient des faux. Ce ne furent malheureusement pas les seuls.

— 17 —

Les immeubles de la rue de Buffon, appartenant à M. Chautemps, avaient besoin de réparations très importantes : M. Chautemps me demanda une somme totale de 160.000 francs pour y faire face, et il m'apporta des reçus d'entrepreneurs pour une somme égale. Or, tous les reçus produits par M. Chautemps sont des faux, et en réalité, il n'a payé aux entrepreneurs que les 90.000 francs qui leur étaient dus.

Ce n'est pas tout ; parmi les créances hypothécaires inscrites sur les immeubles de la rue de Buffon, était celle d'un M. Atrux pour une somme de 37.000 francs. Mon mari me déclara qu'il était dû une somme de 48.500 francs ; je la lui remis, et il m'apporta, par contre, 48.500 francs de reçus signés Atrux. Ces reçus sont tous faux.

Depuis, j'ai dû demander la séparation de biens d'avec M. Chautemps ; elle me fut accordée par un jugement du Tribunal de la Seine, au 16 janvier 1905. Enfin, le 13 février 1906, le divorce est prononcé entre M. Léon Chautemps et moi.

C'est dans ces conditions, Monsieur le Procureur de la République, que je porte à votre connaissance, les nombreux faux dont j'ai été la première victime; je suis convaincue qu'il me suffira de vous les signaler pour que l'auteur, quoique frère d'ancien ministre, soit poursuivi. J'entends d'ailleurs me constituer partie civile et je vous prie de me faire savoir quelle consignation je dois faire au greffe.

Ces Françaises sont incorrigibles.

Celle-là devrait pourtant se souvenir de cette lettre où l'entrepreneur Valadon raconte ce dialogue qu'il eut avec Léon Chautemps, à la suite d'une plainte en faux qu'il avait déposée contre X. :

Au mois de février 1906, j'ai reçu une lettre de M. Chautemps, envoyée par la concierge. M Chautemps me donnait rendez-vous au café, angle du boulevard et de l'avenue des Gobelins. Je suis allé au rendez-vous donné et voici notre conversation :

— Alors, monsieur Valadon, vous avez porté une plainte en faux contre moi, mais ce n'est pas moi qui ai fait des faux, c'est ma belle-sœur.

J'ai donc répondu : — Ça ne me regarde pas, on a imité ma signature ; j'ai porté une plainte en faux.

Alors, M. Chautemps m'a redit :

— Non, ce n'est pas ma belle-sœur qui a fait les faux, c'est moi ; mais je m'en fous, grâce à mon frère, il ne m'arrivera rien.

Voici notre entrevue.

(Lettre de Valadon, du 31 octobre 1907.)

Effectivement, il ne lui arriva rien en 1907 et il ne lui arrivera rien de plus en 1909.

Déjà le Parquet de la Seine a renvoyé la plainte de Mme L. à celui de Dreux — et celui de Dreux a refusé de l'accueillir.

Mme L., obstinément confiante dans la justice française, s'est alors constituée partie civile et a déposé une plainte entre les mains du doyen des juges d'instruction.

Elle attend. Je crains qu'elle n'attende long-temps.

— Grâce à mon frère il ne m'arrivera rien.

Léon a, d'ailleurs, bien raison de montrer en son frère une telle confiance : M. le sénateur Chautemps vient de déposer une proposition de loi ayant pour objet la suppression de la déportation et de la relégation.

Ces Chautemps pensent à tout.

ROCAMBOLE EN FAMILLE

Me voici parvenu au terme de ce récit.

Je ne voudrais pas que l'on se trompât sur les motifs qui me l'ont dicté. Je répète que je n'ai pas d'hostilité contre les Chautemps.

S'il n'y avait en cause qu'un percepteur de chef-lieu de canton, qui a un triste passé, je l'aurais volontiers laissé dans l'oubli.

S'il ne s'agissait même que d'une grande famille parlementaire, tout entière occupée à tirer d'affaire un parent malheureux, j'aurais pu m'incliner encore devant cette conception touchante de la famille. Le mot de « Frater-

nité » est inscrit sur toutes les murailles : quoi
d'étonnant si Emile Chautemps a voulu sauver son frère ?

Ce qu'il y a de grave, c'est que les institutions françaises lui en aient donné tant de facilités. Ce qu'il y a d'effrayant, c'est que toute
une mehalla judiciaire ait pu se mettre au service d'une tribu politique.

Réfléchissez à ceci : tout autre aurait succombé là où Léon Chautemps a triomphé, en
vertu de ses parentés. Est-ce à dire qu'il ait
obtenu des complicités ? Pas même. Il a bénéficié de complaisances — et voilà tout.

Complaisant, le notaire qui établissait des
actes erronés. Complaisants, les débiteurs
qu'Emile Chautemps avait fait décorer. Complaisants les commissaires, les huissiers, les
procureurs, les juges de paix, les juges d'instruction, les présidents de Chambre, les ministres.

Pour éclairer toute l'aventure de Léon Chautemps, il suffit de tenir compte d'un sentiment : la bienveillance.

— Alors, direz-vous, ce n'est pas grave ?
— Ce l'est infiniment.

Le népotisme, qui servait à mettre les administrations publiques aux mains des médiocres et des incapables, aboutit maintenant à
mettre la justice au service des faussaires.

Ne vous y trompez pas : ce sont les mœurs de
l'escroquerie qui se transforment. Un nouveau type d'aventurier se dessine. Le roman
de la « haute pègre » est à refaire.

Rocambole, sur qui la justice ne parvenait
pas à mettre la main, commandait une bande
organisée. Arsène Lupin échappait à tous les
dangers, en se cachant sous des déguisements.
Robert Macaire se tirait de toutes les situations à l'aide de trucs ingénieux.

M. Léon Chautemps, lui, pour passer à travers les codes, les lois et les tribunaux, n'a
besoin ni de trucs, ni de déguisements, ni de

complices. Rien dans les mains ! Rien dans les poches ! Il lui suffit d'être apparenté.

Des gens excellents m'ont dit :

— Vous avez tort de faire cette campagne. Les Chautemps sont très sympathiques.

Moi, je veux bien. Après tout, si la plupart des Chautemps sont demeurés dans les voies de la probité, je reconnais bien volontiers qu'il leur fallu plus de mérite, puisqu'ils étaient en tous cas, assurés de l'impunité.

Mais, à côté de cela, que voulez-vous que je réponde à ce personnage qui disait :

— Si je n'étais un honnête homme, je voudrais être un Chautemps.

EPILOGUE

M. Camille Chautemps, fils d'Emile, neveu de Léon et de plus candidat à Chinon vient de déposer une plainte en faux contre le maire d'une commune de sa circonscription.

Ce maire s'est tué.

Il n'avait pas un seul parlementaire dans sa famille.

Pour *lire chaque semaine les articles de*
SÉVERINE, Urbain GOHIER, Robert de JOU-
VENEL, *et* Gustave TÉRY,

*Pour être renseigné sur tous les dessous de
la vie parisienne,*

*Pour collaborer à l'OEUVRE de pensée
et de paroles libres que nous avons entre-
prise :*

Il suffit d'écrire son nom au verso.

BULLETIN D'ABONNEMENT

Je soussigné (Nom, prénoms) ____

(adresse) ____

____

déclare m'abonner pour un an,[1] *pour six mois*[1] *à* **L'ŒUVRE** *à dater du* ____________

Ci-joint le montant de l'abonnement : **dix** *francs,*[1] **cinq** *francs.*[1]

Veuillez faire percevoir le montant de l'abonnement : **dix** *francs,*[1] **cinq** *francs.*[1]

Signature :

(1) Biffer l'une ou l'autre de ces indications.

Adresser ce bulletin à l'Administrateur de **L'ŒUVRE**, 3, rue de Douai, Paris.

L'ŒUVRE

TOUT

Anthologie ... Critique